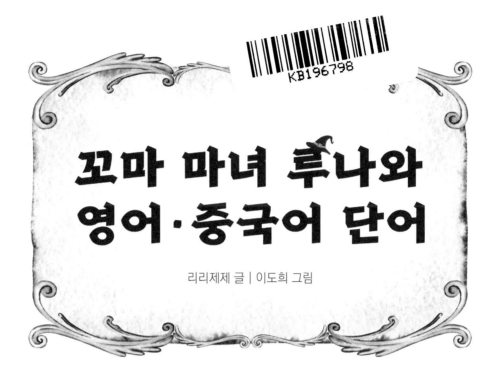

꼬마 마녀 루나와
영어·중국어 단어

리리제제 글 | 이도희 그림

우리 집에 놀러 와!

작가의 탄생

글 **리리제제(丽丽姐姐)**

중국어를 쉽고 재미있게 배우는 방법을 연구하는 교육 콘텐츠 크리에이터. 본캐는 13년째 중국어를 비롯한 어학 교재를 만들다 보니 '베스트셀러 편집자'라는 거창한 수식어가 붙었다. 대기업, 은행권, 주재원 등 직장인과 임용고시 준비, 중국어 면접 대비 등 성인부터 유아·초등학생, 국제중 학생까지 폭넓게 가르쳤다. 2019년 중국어 어학 팟캐스트 〈한다 중국어〉를 만든 것이 계기가 되어 '샤오리'와 '리리제제'로 많은 사람들과 중국어로 수다를 떨 날을 꿈꾸며 책과 강의 콘텐츠를 만들고 있다.

저서

《다섯 글자로 끝내는 중국어 표현 100》 한다중국어

ⓞ handachinese_lili

그림 **이도희**

어린 시절의 따뜻했던 기억, 엉뚱한 상상을 바탕으로 이야기를 짓고, 그림을 그립니다.

ⓞ dohee_illust

초판 1쇄 2024년 11월 7일 발행

발행처 (주) 작가의탄생 │ 발행인 김용환 │ 출판등록 제 2024-000077호

주소 경기도 화성시 병점노을5로 20 (병점동) 골든스퀘어 2, 1407호

대표전화 1522-3864 │ 전자우편 we@zaktan.com │ 홈페이지 www.zaktan.com

ⓒ 리리제제, 2024 │ ISBN 979-11-394-1971-9 (73810)

· 모델명 : 꼬마 마녀 루나와 영어. 중국어 단어 : 우리 집에 놀러 와!   · 사용연령 : 4세 이상

· 제조국명 : 대한민국   · 제조사명 : (주) 작가의탄생   · 전화번호 : 02-1522-3864   · 주소 : 경기도 화성시 병점노을5로 20, 골든스퀘어 2차 1407호

KC 마크는 이 제품이 공통안전기준에 적합하였음을 의미합니다.

⚠ 아이들이 책을 입에 대거나 모서리에 다치치 않게 주의하세요.

꼬마 마녀 루나와 함께
영어, 중국어 단어부터 시작하세요!

어린 시절에 즐겁게 놀이처럼 접한 언어에 대한 좋은 기억은 학교에서 공부할 때, 성인이 되어 다시 배우게 되었을 때 공부를 즐겁게 할 수 있는 힘이 됩니다. 또, 새로운 언어를 처음 배울 때 낯선 소리와 글자에 대한 두려움 없이 배우는 것을 즐길 수 있게 됩니다.

엄마, 아빠가 영어, 중국어를 아무리 유창하게 구사한다 해도 국내에서 현지와 같이 24시간 외국어에 노출되는 환경을 만들어 주는 데는 한계가 있습니다. 가장 좋은 것은 엄마, 아빠가 자주 영어, 중국어 단어를 들려주어 '외국어', '공부'라는 느낌 대신 익숙하고 친근한 말로 느끼도록 해주는 것입니다.

영어가 자신 없고, 중국어를 모르는 엄마, 아빠도 쉽고 부담 없이 아이에게 노출시켜 줄 수 있도록 이 책을 집필했습니다. 그림책을 읽어주며 눈으로, 음원으로 익힌 단어를 집이나 마트 등 일상에서 보일 때마다 아이와 함께 말해 보세요. 매일 한두 단어 또는 일주일에 몇 단어씩 정해놓고 반복적으로 들려주는 것도 좋습니다.

꼬마 마녀 루나와 상상력을 길러요!
꼬마 마녀 루나의 집에는 우리 집에 있는 물건도 있고, 특이한 것들도 많이 있어요.
루나와 이야기를 하듯 책장을 넘기며 마법 세계를 마음껏 상상해 보세요.

매일 보는 단어부터 시작해요!
일상에서 매일 보는 단어를 말하는 것으로 영어, 중국어를 시작하세요.
엄마, 아빠가 영어, 중국어로 단어를 말해 주면 아이는 흥미를 가지고 자연스럽게 익힙니다.

한 권으로 영어, 중국어 단어를 배워요!
이야기책으로, 영어 단어 책으로, 중국어 단어 책으로 한 권을 두고두고 활용할 수 있어요.
함께 제공하는 영어, 중국어 원어민 음원과 챈트, PDF 학습 자료까지 학습을 도와줍니다.

> "꼬마 마녀 루나네 집에 놀러 오세요.
> 이야기를 읽고 상상력이 쑥쑥 자랄 거예요.
> 루나를 따라 마녀의 집을 구경하며
> 즐겁게 배우면 영어, 중국어 단어가 오래 기억에 남을 거예요!"

−리리제제

차례

초 대 장

안녕? 나는 꼬마 마녀 루나야.
너를 우리 집에 초대할게.
미국에 사는 요정 페어리랑
중국에 사는 용 롱롱이도 오기로 했어.
우리 집도 구경시켜주고
내가 마법학교에서 배운 마법도 보여 줄게.

참, 페어리랑 롱롱이는 한국어를 못 해.
오기 전에 알파벳이랑 중국어 발음을
미리 보고 오면 더 재미있게 놀 수 있을 거야.

그럼, 곧 만나자.

- 꼬마 마녀 루나

알파벳

Aa 에이	**Bb** 비	**Cc** 씨	**Dd** 디
Ee 이	**Ff** 에프	**Gg** 쥐	**Hh** 에이취
Ii 아이	**Jj** 제이	**Kk** 케이	**Ll** 엘
Mm 엠	**Nn** 엔	**Oo** 오우	**Pp** 피

Qq 큐

Rr 알

Ss 에스

Tt 티

Uu 유

Vv 브이

Ww 더블유

Xx 엑스

Yy 와이

Zz 지

알파벳 송을 같이 부르자!
뒷부분 가사와 뜻을 알려 줄게.

Now I know my ABCs
Next time won't you
sing with me

나우 아이 노우 마이 에이 비 씨즈,
넥슷 타임 원츄 씽 윗 미

'이제 나는 알파벳을 알아.
다음번에는 나와 함께 부를래?'
라는 뜻이지.

성조는 소리의 높낮이야. 중국어는 4개의 성조가 있어.
성조가 있어서 중국어를 말할 때 마치 노래를 부르는 것 같아.

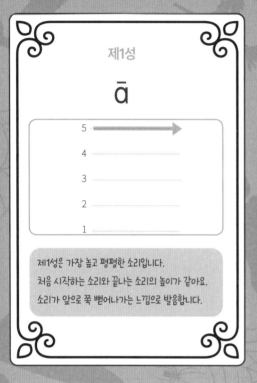

제1성

ā

제1성은 가장 높고 평평한 소리입니다.
처음 시작하는 소리와 끝나는 소리의 높이가 같아요.
소리가 앞으로 쭉 뻗어나가는 느낌으로 발음합니다.

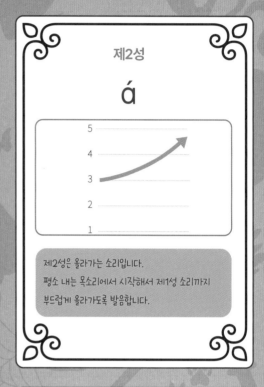

제2성

á

제2성은 올라가는 소리입니다.
평소 내는 목소리에서 시작해서 제1성 소리까지
부드럽게 올라가도록 발음합니다.

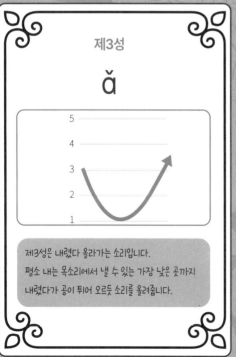

제3성

ǎ

제3성은 내렸다 올라가는 소리입니다.
평소 내는 목소리에서 낼 수 있는 가장 낮은 곳까지
내렸다가 공이 튀어 오르듯 소리를 올려줍니다.

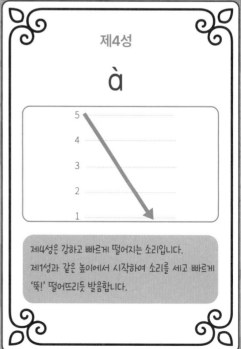

제4성

à

제4성은 강하고 빠르게 떨어지는 소리입니다.
제1성과 같은 높이에서 시작하여 소리를 세고 빠르게
'뚝!' 떨어뜨리듯 발음합니다.

성모는 첫 소리야. 우리말의 자음, ㄱ, ㄴ, ㄷ과 비슷해.

입술을 붙였다 떼며 내는 소리			
b ㅂ/ㅃ	p ㅍ	m ㅁ	

윗니를 아랫입술에 붙였다 떼며 내는 소리
f

혀끝을 윗잇몸 뒤에 붙였다 떼며 내는 소리			
d ㄷ/ㄸ	t ㅌ	n ㄴ	l ㄹ

혀뿌리를 입천장 안쪽에 붙였다 떼며 내는 소리		
g ㄱ/ㄲ	k ㅋ	h ㅎ

혀를 평평하게 하고 양쪽 입꼬리를 힘주어 당기면서 내는 소리		
j ㅈ/ㅉ	q ㅊ	x ㅅ/ㅆ

혀끝을 윗니 뒷면에 붙였다 떼며 내는 소리		
z ㅈ/ㅉ	c ㅊ	s ㅅ/ㅆ

혀끝을 입천장 가까이 들어 올려 내는 소리			
zh zh/ㅈ/ㅉ	ch ch/ㅊ	sh sh/ㅅ	r ㄹ

운모

운모는 성모의 뒷부분이야. 우리말의 모음 ㅏ, ㅑ, ㅓ, ㅕ와 비슷해.

a 아	ai 아이	ao 아오	an 안	ang 앙
o 오(어)	ou 어우	ong 웅		
e 으(어)	ei 에이	en 으언	eng 으엉	er 얼
i (yi) 이	ia (ya) 이아	ie (ye) 이에	iao (yao) 이아오	iou (iu/you) 이어우
u (wu) 우	ua (wa) 우아	uo (wo) 우어	uia (wai) 우아이	uei (ui/wei) 우에이
ü (yu) 위	üe (yue) 위에	üan (yuan) 위엔	üen (yün/yun) 윈	

ian
(yan)
이엔

ien
(in/yin)
인

iang
(yang)
이앙

ieng
(ing/ying)
이웅

iong
(yong)
이웅

uan
(wan)
우안

uen
(wen)
우언

uang
(wang)
우앙

ueng
(weng)
우엉

one
1 一 yī 이

two
2 二 èr 얼

three
3 三 sān 싼

four
4 四 sì 쓰

five
5 五 wǔ 우

six
6 六 liù 리어우

seven
7 七 qī 치

eight
8 八 bā 빠

nine
9 九 jiǔ 지어우

ten
10 十 shí 슬

나를 만날 준비가 되었다면
1부터 10까지 영어와 중국어로 외치고
책장을 넘겨 봐.

안녕? 나는 꼬마 마녀 루나야.
만나서 반가워.
너와 친구가 되고 싶어서 초대장을 보냈어.
우리 집에서 같이 재미있게 놀자!

안녕?

친구들을 소개해 줄게.

페어리는 미국에서 온 요정이야.
페어리에게는 영어로 말해 줘야 해.
페어리와 인사를 나눠 봐.

Hi!

롱롱이는 중국에서 온 용이야.
롱롱이에게 말할 때는 중국어로 말해야 해.
롱롱이에게도 인사를 해 줘.

你好!
Nǐ hǎo!
니ㄱ이 하ㅏ오

얼굴

내 얼굴을 잘 기억해 줘!
약속해 준다면 내가 마법의 주문을 하나 알려 줄게.
주문은 우리만의 비밀이니까 영어나 중국어로 말해 보는 거야.

매일 거울을 보면서 얼굴에 있는 부위를 사랑스럽게 불러 봐.
그러면 더 사랑스럽고 자신감이 넘치는 얼굴이 될 거야.

hair 머리카락
头发 tóufa 터우퐈

ear 귀
耳朵 ěrduo 얼뚜어

nose 코
鼻子 bízi 비즈

cheek 뺨
腮 sāi 싸이

teeth 이
牙齿 yáchǐ 야츨

eyebrow 눈썹
眉毛 méimao 메이마오

eye 눈
眼睛 yǎnjing 옌찡

mouth 입
嘴 zuǐ 주에이

chin 턱
下巴 xiàba 씨아바

neck 목
脖子 bózi 보어즈

16

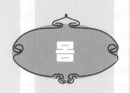 몸

나는 키가 작아서 그런지 손도 발도 작아.
빗자루 탈 때 까치발을 들어야 하지만
나는 내가 너무 귀엽고 사랑스러워!

<건강해지는 마법 주문>은
영어와 중국어로 외치면서
안마를 하는 거야.
어른들께 안마를 해 드리며
주문을 외워 봐!

head 머리
头 tóu 터우

shoulder 어깨
肩膀 jiānbǎng 찌엔방

arm 팔
胳膊 gēbo 끄어보(어)

elbow 팔꿈치
胳膊肘 gēbozhǒu
끄어보(어)져우

bottom 엉덩이
屁股 pìgu 피구

finger 손가락
手指 shǒuzhǐ 셔우즐

leg 다리
腿 tuǐ 투에이

foot 발
脚 jiǎo 지아오

back 등
背 bèi 뻬이

chest 가슴
胸 xiōng 씨옹

stomach 배
肚子 dùzi 뚜즈

hand 손
手 shǒu 셔우

waist 허리
腰 yāo 야오

knee 무릎
膝盖 xīgài 씨까이

toe 발가락
脚趾 jiǎozhǐ 지아오즐

우리 집에는 비밀스러운 곳이 많이 있어.
오늘은 너희 집과 비슷하게 생긴
욕실, 부엌, 내 방, 거실로 안내할게.
잘 따라와야 해!

집에서 이 책을 보고 있다면
내가 소개하는 장소에 가서 보거나
지도처럼 들고 다니면서 같은 물건을 찾아봐.

bathroom 욕실
浴室 yùshì 위슬

kitchen 부엌
厨房 chúfáng 츄팡

my room 내 방
我的房间 wǒ de fángjiān 워 더 팡찌엔

living room 거실
客厅 kètīng 크어팅

욕실

나는 아침에 일어나서 먼저 이를 닦으러 가.
너는 무엇을 제일 먼저 해?

toothpaste 치약
牙膏 yágāo 야까오

toothbrush 칫솔
牙刷 yáshuā 야슈아

mirror 거울
镜子 jìngzi 찡즈

towel 수건
镜子 máojīn 마오찐

liquid soap 액체 비누
液体皂 yètǐzào 이에티짜오

soap 비누
香皂 xiāngzào 씨앙짜오

toilet 변기
马桶 mǎtǒng 마통

sink 세면대
洗手台 xǐshǒutái 씨셔우타이

toilet paper 휴지
卫生纸 wèishēngzhǐ 웨이셩즐

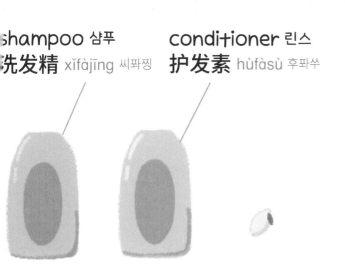

shampoo 샴푸
洗发精 xǐfàjīng 씨퐈찡

conditioner 린스
护发素 hùfàsù 후퐈쑤

body cleanser 바디 클렌져
沐浴露 mùyùlù 무위루

shower 샤워기
淋浴器 línyùqì 린위치

〈깨끗해지는 마법 주문〉
씻는 동안 욕실에 있는
물건의 이름을 외쳐 봐.
뽀득뽀득 깨끗해질 거야.

sponge 스펀지
海绵 hǎimián 하이미엔

hairbrush 머리빗
梳子 shūzi 슈즈

bathtub 욕조
浴缸 yùgāng 위깡

slipper 슬리퍼
拖鞋 tuōxié 투어씨에

부엌에서는 주로 엄마, 아빠가 요리를 하셔.
나는 마법의 솥을 찾으러 왔어.

cup 컵
杯子 bēizi 뻬이즈

kettle 주전자
水壶 shuǐhú 슈에이후

chopsticks 젓가락
筷子 kuàizi 콰이즈

전자레인지
microwave
微波炉 wēibōlú
웨이쁘(어)루

plate (큰) 접시
盘子 pánzi 판즈

작은 접시
碟子 diézi 디에즈

spoon 숟가락
勺子 sháozi 샤오즈

glass 유리컵
玻璃杯 bōlibēi 뽀(어)리뻬이

fork 포크
叉子 chāzi 챠즈

frying pan 프라이팬
煎锅 jiānguō 찌엔꾸어

knife 칼
刀 dāo 따오

bowl 그릇
碗 wǎn 완

cutting board 도마
切菜板 qiēcàibǎn 치에차이반

22

range hood 환풍기
抽烟机 chōuyānjī 쵸우옌찌

refrigerator 냉장고
冰箱 bīngxiāng 삥씨앙

ladle 국자
汤勺 tāngsháo 탕샤오

pot 냄비
锅 guō 꾸어

gas stove 가스레인지
煤气灶 méiqìzào 메이치짜오

oven 오븐
烤箱 kǎoxiāng 카오씨앙

내 방

여기가 내 방이야.
내일 마법 학교에 가져갈 준비물을 만들 거야.
내가 만드는 동안 내 방에 무엇이 있는지 구경해도 좋아.

map 지도
地图 dìtú 띠투

picture 사진
照片 zhàopiàn 쨔오피엔

dressers 서랍장
柜子 guìzi 꾸에이즈

computer 컴퓨터
电脑 diànnǎo 띠엔나오

drawing 그림
画儿 huàr 활

desk 책상
桌子 zhuōzi 쭈어즈

bed 침대
床 chuáng 츄앙

drawers 서랍장
柜子 guìzi 꾸에이즈

drawer 서랍
抽屉 chōuti 쵸우티

pillow 베개
枕头 zhěntou 전터우

smartphone 스마트폰
智能手机 zhìnéng shǒujī 쯜넝 셔우찌

blanket 이불
被子 bèizi 뻬이즈

bookshelf 책장
书架 shūjià 슈찌아

book 책
书 shū 슈

doll 인형
娃娃 wáwa 와와

robot 로봇
机器人 jīqìrén 찌치런

gift 선물
礼物 lǐwù 리우

ball 공
球 jqiú 치어우

puzzle 퍼즐
拼图 pīntú 핀투

block 블록
积木 jīmù 찌무

25

가위 대신 싹둑싹둑 꽃을 가져가야겠다.
거실에서 꽃 한 송이만 가져다줄래?
손이 다치지 않게 조심해야 해.
보기엔 예쁘지만 만지면 아주 뜨거운 활활 나무도 조심해!

curtain 커튼
窗帘 chuānglián 츄앙리엔

window 창문
窗户 chuānghu 츄앙후

television(TV) 텔레비전
电视 diànshì 띠엔슬

sofa 소파
沙发 xiōng 샤파

table 탁자
桌子 zhuōzi 쭈어즈

마법 세계가 아침 9시니까
너희 세계는 밤 9시야.
엄마, 아빠에게 들키기 전에 어서 돌아가자!

clock 시계
钟表 zhōngbiǎo 쭝비아오

light switch 스위치
开关 kāiguān 카이꽌

flowerpot 화분
花盆 huāpén 화펀

door 문
门 mén 먼

flower 꽃
花 huā 화

vase 꽃병
花瓶 huāpíng 화핑

너희 집에는 어떤 것들이 있는지 궁금해.
초대해 주면 페어리, 롱롱이랑 같이 놀러 갈게.
그때 영어, 중국어로 말해줄 수 있게 같이 연습하자.
언제든 우리 집에 또 놀러 와!

잘 가!

再见!
Zàijiàn!
짜ˋ이찌ˋ엔

Bye-bye!